AF191864

Vitt till svart och allt däremellan

Av

Cristina Nyman & Ulrika Östling

Illustration: Hanna Östling/Cristina Nyman/Ulrika Östling
Korrekturläsning: Amalie Företag och STUJ

Förlag: BoD – Books on Demand, Stockholm, Sverige
Tryck: BoD – Books on Demand, Norderstedt, Tyskland

ISBN: 9-789177-853558

INNEHÅLL

Hej!

Denna bok är skriven av Ulrika Östling och Cristina Nyman.

Vi är ett par kvinnor i våra bästa år. Vårt tänkta mål med denna bok är att på ett enkelt och tydligt sätt beskriva olika trauman och hur de uppstår.

Vi tycker att den litteratur som finns idag är bra men svår för många att ta till sig. Vi har genom åren själva sökt kunskap i de olika trauma kategorierna och har då upptäckt att det tar tid och ork. Vi har fått många frågor under åren om trauman och varför en del människor kommer över tråkiga händelser och för en del verkar det ta väldigt lång tid. Och svaren är lika många som frågorna.

Då alla människor har olika bagage med sig och en del människor har olika personligheter. Du undrar kanske vad personligheter har med trauma att göra? En förklaring på det är att en person som föds är kanske mer känslomänniska och en annan mindre känslosam, och det kan göra skillnad när man är med om olika saker i hur man tolkar händelserna.

Sen är det så, att när det till exempel händer en olycka och det är flera personer närvarande så faller det sig ganska naturlig om vem som gör vad. Du har den automatiska ledaren som tar kommandot och delegerar ut vem som ska göra vad för att lösa situationen som uppstått.
Vi har alltså olika personligheter och det avgör hur människor handskas med olika händelser som skett.

Åter till oss Ulrika Och Cristina vilka är vi och tanken med denna bok.
Då vi båda under livets gång har mött tuffa motgångar och trauman så har vi gemensamma erfarenhet av livet och hur man kan göra för att komma igenom tuffa och hemska trauman med själen i behåll. Så vill vi gärna dela med oss av det.
Att få ge en annan människa verktyg och hitta sin inre styrka till ett bättre liv är ett mål vi båda har och verkar för.

Ulrika

Lite om mig.

Jag är uppväxt i en familj med mamma, pappa och två systrar. Vi bodde i en mellanstor stad i Sverige. Min uppväxt var väldigt bra med bra värderingar och mycket kärlek. Jag fick bli den jag är idag och fått tillit till mina egna förmågor. Men mina första skolår var inte så jätte kul då jag inte fick vara med de andra barnen på rasterna. Detta började med att jag blev arg när några killar förstörde när vi hoppade hage på rasten i 1;a klass. Det fanns en kille i samma klass som de andra barnen var väldigt elaka emot och han blev mobbad. Detta kunde jag inte se utan jag berättade detta för de vuxna. Efter det så blev han den som var elakast mot mig istället. Jag bemötte allt detta med att alltid vara glad och skrattade åt detta istället. Vi flyttade som tur var sen till en annan stad och jag började på en annan skola. Åren gick och när jag var 19 år träffade jag en kille som jag flyttade ihop med, och i den relationen fick jag uppleva saker som jag inte visste hur jag skulle förhålla mig till. Han var en person som var väldigt arg och ofta blev hotfull om jag inte tyckte som honom eller sa min åsikt i någon fråga. Han var svartsjuk och gärna använde fysiskt våld när han blev arg. Jag som var uppväxt i en familj där våld eller hot aldrig har förekommit hade svårt att förlika mig med tillvaron, då min uppväxt var präglad av kärlek och respekt för den egna personligheten.

Jag hade svårt att förhålla mig till våldet och gjorde motstånd genom att hävda min rätt till åsikter och till att få göra som jag vill, så länge jag inte skadar eller sårar någon annan.

Jag lämnade denna man och gick vidare i livet.

Sen träffade jag en man som jag fick två barn med

Vi separerade och har en fin relation och är ännu goda vänner.

När jag var 30 år träffade jag en man som tog mig med storm en "Al inclode" en man som hade allt.

Han var charmig, kärleksfull och omtänksam.

Tyvärr höll det inte så länge då hans personlighet verkligen började visa sitt rätta jag, och han var inte så charmig längre,

Utan styrde mig och barnen med sitt humör.

Vi hade gift oss och fått två barn. Efter några år så kom det fram att han utsatte mitt barn (från den tidigare relationen) som då var 8år och vårt gemensamma barns som då var 4år för sexuella övergrepp.

Tiden verkade stanna upp, men samtidigt var det väldigt kaotiskt. Jag flyttade med barnen till en annan bostad. Han blev sedermera häktad och blev sedan fälld för detta i domstolen och fick fängelse i 1 år

Det var slitsamt under de år som utredningarna och rättegångar pågick.

Mina barn var svårt traumatiserade. Hjälpen de fick var varierande och allt hängde på min förmåga och ork till att hitta rätt i den djungel som det är för att få möjlighet att hjälpa och skydda mina barn. Jag har haft turen att haft min familj och vänner omkring oss som hjälpt till under vår resa.
Tillslut så fick jag enskild vårdnad utan umgänge. Och då kunde vi äntligen börja jobba på allvar för att läka och bli hela igen.

Barnen fick diagnoserna KPTSD och GAD. Jag fick PTSD utifrån de traumatiska händelserna Och då allt hängde på mig och min förmåga, så hände det som inte fick hända, jag mötte den berömda väggen. Ingen bra kombination när man är ensamstående med fyra barn. Med allt vad det innebar för oss alla.
Resan tillbaka tog några år, men vi lever ännu med att några spår ännu kan visa sig emellan åt.

Jag skrev boken om vår resa för att öka förståelsen för de spår och trauma som blir efter sexuella övergrepp. Boken heter *1095, en mammas berättelse.*

Idag har jag och barnen lärt oss vad som triggar, och hur vi ska förhålla oss till vårt mående. Personligen har jag toppar och dalar beroende på vart jag är i livet och vad som händer runt omkring mig.

För övrigt så är mitt liv idag bra och jag har kontroll på mitt mående och vet vad jag behöver för att möta livet.

Jag utbildade mig under åren till KBT terapeut och coach, samt inom våld i nära relation och barnkonventionen. Sist men inte minst så utbildade jag mig till socialpedagog. Detta för att kunna hjälpa andra och föreläser en hel del om konsekvenserna efter sexuella övergrepp och våld i barndomen.

Cristina

Lite om mig.
Jag är uppvuxen med en ensamstående mor och en äldre handikappad bror. Vi flyttade runt en hel del under min uppväxt, vilket gjort att jag inte hade satt några rötter på en och samma plats för länge. Även skola bytte jag då så klart flertalet gånger.
Min uppväxt var rätt tuff, min familj har missbrukarbakgrund och jag har sett och varit med om en hel del jobbiga saker under mina yngre år.
Min mor var inte heller så snäll när jag växte upp, vi fick rätt mycket stryk och jag har rymt hemifrån flertalet gånger. Min bror som hade en funktionsnedsättning bodde på elevhem under större delen av våra skolgång. Så vi sågs oftast bara på lov och lite helger.
Jag fick lära mig tidigt att ta hand om mig själv, jag fick inte någon direkt kärlek eller bra värderingar av min mor.
Och jag saknade ofta min far, mina yngre syskon och övriga familjen, som jag såg ytterst sällan. Jag sökte oftast mig till olika grannar för att få någon slags gemenskap och uppmärksamhet, något jag saknade hemma.

Skolgången blev inte lätt för mig då jag var mobbad i skolan och mitt sätt att hantera detta var att bara le, och försöka hantera dagarna. Det blev min överlevnadsstrategi. Jag hade några få vänner omkring mig som var mitt stöd. Men som barn är man oftast lojal mot sina föräldrar och för att man inte känner till något annat. Så jag berättade inget till någon om min hemma miljö, utan mina vänner upptäckte det med tiden. Skolan reagerade inte förens jag började 9:an. Då kontaktade kuratorn min mor och ifrågasatte vad jag utsattes för. Dock så gick det aldrig längre. Så inte förens jag började högstadiet så kunde jag få andas ut lite. Där jag mötte en ny vän som hjälpte mig, hon var stark och hon visade att ingen skulle få mobba mig i skolan. Alla som försökte satte hon på plats. Än idag är jag evigt tacksam för henne. Vi hade olika men ändå tuffa bakgrunder, vilket gjorde att vi passade rätt bra ihop. Hon hjälpte mig på många sätt och jag fann en styrka inom mig jag inte trodde att jag hade.

Direkt efter gymnasiet flyttade jag hemifrån, jag mötte då nya vänner och de blev en del av den jag är idag. Någon familj har jag direkt inte haft, så då blev mina vänner mina närmaste som jag kunde anförtro mig åt och få stöttning av.

Jag var 19 år när jag började jobba inom vårdyrket, direkt efter att jag flyttat hemifrån. Ett yrke jag arbetade på under 25 år, Innan jag bytte karriär!

När jag var runt 20 år mötte jag en man som skulle visa sig inte vara allt för snäll. Nu var jag tillbaka i samma spår som jag växte upp i. Jag blev snabbt gravid och inte fören min dotter var 18 månader lyckades jag lämna det förhållandet, vilket inte var helt lätt.
Då det skulle visa sig att jag nu fick visa mina styrkor ännu en gång!

Efter jag lämnade honom mötte jag min ungdomskärlek. Vi flyttade ihop och fick ett gemensamt barn. Då min före detta jag har barn med inte kunde lämna oss ifred, så slutade det med att jag och ungdomskärleken separerade.
Han orkade inte helt enkelt!
Under 18 års tid fick jag kämpa för de rättigheter som så väl jag, som min dotter, hade.

När resan var nästan slut gick jag in i väggen och blev oerhört sjuk. Det var dock inte bara *ena* barnet som for illa ut genom åren av min före detta som gjorde allt för att hämnas för att jag lämnade honom för alla dessa år sedan. Hela min familj, dvs jag och båda barnen!

14

Vi levde nu under tuffa förhållanden där många polisanmälningar och socialtjänstutredningar aldrig ledde någonstans. Utan han kunde få fortsätta göra våra liv till en mardröm obehindrat. Vi har under flertalet gånger genom åren fått gömma oss när faran blev för stor på grund av hans ilska och hat gentemot mig.
Jag fick ensam vårdnad om min dotter när hon var 5 år efter flera års kamp. Dock slutade inte resan där!

Genom år av KBT så har jag fått många verktyg för att klara av livet ännu en gång.
Jag ville utbilda mig vidare, så jag studerade i hur man startar eget företag, våld i nära relation, barn som anhörig, Barnkonventionen, bland annat.
Idag föreläser jag och har även skrivit en bok om relationen jag var i.

Boken heter *Jag vet var du är.*
Att hjälpa andra som har det tufft i sitt liv har för mig blivit viktigt, då jag anser att alla har rätten att få må bra och leva sitt liv till fullo.

Nu har ni fått lite om oss och vilka vi är. Men hur träffades vi och hur kom det sig att vi idag arbetar en hel del tillsammans?!

Det började strax innan jul 2015. Ulrika jobbade på ett skyddat boende och Cristina var sjukskriven för utmattningssyndrom. Ulrika hade under 2014 flyttat till samma stad som Cristina redan bodde i. Och våra vägar skulle korsas på ett annorlunda sätt. 2015 startade en organisation som idag är väldigt känt för deras engagemang för barn som har en utsatthet eller på andra sätt far illa. Deras organisation hade startat en insamling genom olika donationer, för att kunna hjälpa ensamstående mammor så de skulle kunna ge sina barn julklappar och julmat, (för alla barn behöver en god jul).

Cristina såg ett inlägg på Facebook av en slump om den organisationen, och då hon hade en ensamstående väninna med en liten son, som var i stor ekonomisk kris, så kontaktade Cristina denna förening och pratade med en man vid namn Fredrik. Ungefär samtidigt så hade Fredrik kontaktat det skyddande boendet som Ulrika jobbade på, för att se om det fanns några barn där som hade behov av julklappar. Det bestämdes att ett möte skulle ske på ett köpcentrum strax utanför staden och Ulrika åkte

dit utifrån sin roll på boendet och Cristina tog
med sig sin behövande väninna med son.
Så där på ett köpcentrum i mellersta Sverige så
möttes vi.
Under de kommande åren har vi gjort en hel del
arbeten tillsammans och tanken på denna bok har
funnits med i bakgrunden hela tiden då vi har helt
olika liv men ändå så lika.
För livet är ett pussel som aldrig blir klart då nya
bitar hela tiden tillkommer.

Trauma kan bestå av olika delar.
Vi kommer dela upp dem så du kommer förstå hur
de olika delarna av ett trauma kan uppstå.

Men först måste vi beskriva ordet *trauma*.
Ordet trauma betyder skada. En händelse som kan
förändra ens liv och vardag.
Trauma kan uppstå både som psykiskt trauma
eller ett fysiskt trauma. Men man kan även ärva
ett trauma.
Nu tänker du: *Ärva ett trauma – är det möjligt?!* Ja
det är helt möjligt, vi kommer att återkomma till
detta längre fram i boken.

Vi ska börja med det **Psykiska Traumat**.

Psykiskt trauma kan uppstå efter en upplevelse av
chockartad eller annan smärtsam upplevelse.
Genom dessa händelser så kan stress och
överväldigande känslor uppstå, man kan även
sova och äta sämre, även koncentrationen
påverkas när måendet försämras.
Även humörsvängningar är väldigt vanliga med!
Allt detta kan vara svårt att hantera när man
hamnat i en kris eller ett trauma, så det kan vara
svårt att bearbeta de händelser man gått igenom
på egen hand och kan då behöva
kognitivsamtalsterapi.

Antingen genom en psykolog eller en samtalsterapeut. Hur länge man behöver gå i terapi är individuellt då alla reagerar olika på händelser som lett till att man hamnar i en kris. Därför finns det inga rätt eller fel i hur länge man kan behöva gå i terapi.

Under terapin är det tillåtet att prata en massa osammanhängande meningar i början, då man oftast har mycket inom sig som vill komma ut. Det är helt okej att känna ledsamhet, gråta, vara arg, känna uppgivenhet men även skratta. Alla känslor är helt okej, då det är ditt sätt att få utlopp för det du bär inom dig. Du behöver gå igenom de faser för att kunna läka och för att bearbeta det du gått igenom så du kan börja känna dig hel igen. Det tar tid, så låt det ta den tid det tar. Att göra detta för att må bra igen är helt för din egen skull, för att kunna skratta utan att må dåligt över att just du har roligt och mår bra.

En del kan även få smärtor i kroppen vid en kris, det är kroppens och hjärnans sätt att försöka att reagera och skydda sig själva och signalerar det genom märkliga reaktioner. Smärtor som kan uppstå är migrän, dimsyn, tandvärk även bensmärtor likt växtvärk.
Allt detta är helt normalt då som sagt, detta är kroppens sätt att signalera att kroppen är i kris.

Ångest och hjärtklappning som får en att tro att man fått en hjärtinfarkt. Man kanske vill sova väldigt mycket, oavsett hur mycket du sover så vill du sova mera. Detta är kroppen sätt att stänga av jobbiga saker. Man kan tappa aptiten och man kanske även får en flyktkänsla, som gör att man vill springa eller ta powerwalks. Man kan få känslan av att vilja springa eller powerwalka fortare och fortare, för att på så sätt försöka komma ifrån det som får en att må psykiskt dåligt. Dans är också ett bra sätt i att försöka fly, då du får röra kroppen i snabb takt. Allt detta är helt normalt, då vi har ett flyktbeteende vid fara i vårat DNA. Och då kroppen hamnar i en slags chock vid ett trauma så är hjärnan programmerad att vilja fly eller stänga av. I alla dessa lägen så behöver du terapi av en psykolog eller en terapeut. Och det är absolut inget att skämmas för, detta är helt nödvändigt för din rehabilitering tillbaka från just den krisen du går igenom. All terapi är individuellt, det är viktigt att komma ihåg att det tar olika lång tid att läka och alla behöver få läka på olika sätt. En dag i taget och ett andetag åt gången är vad vi brukar säga. Du är din egen person och du är den som måste vårda dig själv i första hand. Det är en gåva du kan ge till dig själv.

Så vad för slags trauma kan få en person att hamna i en kris då? En separation eller ett dödsfall. Mobbing, sexuella övergrepp, våld i nära relation eller bevittna våldet. Misshandel eller vid svår sjukdom. Även inbrott i ens hem kan få en person att hamna i kris.

Så vem kan drabbas av en traumatisk händelse då? Alla kan så klart drabbas, men det är även viktigt att komma ihåg att alla människor reagerar olika och individuellt när man hamnar i en krissituation. Det som kan kännas oerhört tufft och svårt att hantera för dig kanske inte alls blir ett lika starkt avtryck på någon annan. När en psykisk krissituation uppstår kan man antingen tillfälligt eller permanent förlora minnen som utgör traumat. Detta är ett sätt för hjärnan att hantera hur traumat uppstod. Just de tuffa minnena kan vara borta under väldigt lång tid, dock kan flaschbacks uppstå när som helst. När ett barn föds eller vid sin dödsbädd så kan minnesbanken helt plötsligt öppnas och man börjar minnas mera saker hjärnan gömt.

Vi ställer upp ett par exempel för att jämföra hur man kan reagera olika inför olika situationer. Här kommer några berättelser från personer som har eller har haft trauma.

Först möter vi Lena!

En kvinna träffar en man hon blir oerhört kär i. Efter ett tag så börjar han utsätta henne för psykisk misshandel, vilket pågår under en under en längre tid. Hon känner sig oerhört kränkt, ledsen, mindre värd, och vill inget hellre än att förhållandet ska bli bättre för hon älskar den snälla sidan av honom. Ju mer förhållandet fortskrider desto mer trycker mannen ner henne psykiskt. Hennes mående försämras, hon sover sämre och hon äter mindre. Detta håller på i mer än ett år innan hennes väninnor reagerar och pratar med henne och vill hjälpa henne att lämna mannen. Hon är först rädd för vad som kommer hända om hon lämnar, för hon älskar honom ännu. Men efter en tid så lyckas hennes vänner att få henne att lämna och hon när hon lämnat så inser hon efter ett tag att hon mår sämre trots att hon borde må bättre. Hon berättar detta för sina vänner som hjälpte henne att lämna denna man. Deras råd är att kontakta antingen en kvinnojour eller vårdcentralen för att få hjälp. Hon tycker att det känns pinsamt att kontakta kvinnojouren, så hon tar kontakt med vårdcentralen för att få en tid hos psykologen istället.

Under sina samtal med psykologen så förstår hon att hon varit utsatt för psykiskt misshandel av mannen hon älskar och att felet inte är hennes utan hans. Samtalen leder även till att hon får lägga en kartbild över hur misshandeln såg ut så hon lättare kan se ur sin situation på ett annat sätt, på så sätt förstår hon hur hennes situation faktiskt såg ut. Och inser vilken tur hon hade som fick hjälpen av sina vänner att lämna.

Psykologen vill att hon samtalar med sina vänner och berättar om vad hon gått igenom, som en del av hennes terapiarbete, för att hennes vänner ska förstå vad hon gått igenom och ihop med vännerna och psykologen så börjar kvinnan må mycket bättre.

Efter ett tag med terapi så kan psykologen i samförstånd med kvinnan avsluta samtalen och han ger henne även redskap att tänka på, och jobba med, inför framtiden. Men säger även att hon är välkommen åter om hon skulle behöva det.

Efter ett tag så var kvinnan sitt starkare jag och insåg vilken tur hon hade som hade sina vänner omkring sig som kunde hjälpa henne ur hennes trauma.

Här möter vi Bertil!

Bertil kommer in till tillnyktringen på psykiatrin för att han vill ha hjälp med sitt alkoholmissbruk och känner att allt är honom övermäktigt. Han accepterar väldigt lågmält allt han måste gå igenom på tillnyktringen på sjukhuset för att få hjälp med sitt missbruk. En i personalen vid namn Anna beslutar sig för att sätta sig ner och prata med mannen. Anna vill kolla lite med honom om hur han mår men även nyfiken på hans historia, då hon ser att han inte är typiskt för de med alkoholmissbruk hon mött under sina år inom tillnyktringen. Anna tar med sig lite vatten till mannen och så sätter hon sig intill honom. Bertil är glad att någon tar sig tid med honom då han förklarar att han är väldigt ensam. Vårdaren på tillnyktringen lyssnar intressant på Bertils berättelse. Anna känner genast att Bertil har en ledsam historia att berätta. Du förstår sa Bertil, när min fru dog plötsligt för 10 år sen, så visste jag inte vad jag skulle ta mig till. Hon var inte sjuk, utan bara dog hemma helt utan förvarning. Anna såg på Bertil, att tårarna nästan började rinna på honom, och han försökte vara tapper. Anna frågar Bertil om vad han fick för hjälp när hans fru dog, och svaret Anna fick både chockade henne och gjorde henne ledsen å hans sida samtidigt. Bertil hade själv fått ta hand om sin frus begravning, visserligen har de barn, men du förstår sa han, de var så upptagna med sin sorg att de inte hade tid för mig. Så jag började dricka och det har jag gjort mestadels av dessa 10 åren, jag förlorade även mitt jobb på grund av mitt drickande. Och det var det enda sättet för mig att hantera detta. Jag har inte fått någon hjälp alls och nu får jag inte ens träffa mina barnbarn. Och du skulle veta hur mycket jag saknar dem, sa Bertil till Anna.

Anna frågade Bertil vad han skulle vilja ha hjälp med från henne. Bertil tittar Anna, tar hennes hand och säger till Anna att han vill må bra igen. Han vill inte dricka längre för han orkar inte med allt som det för med sig.

Anna tittar på Bertil och frågar honom om det är okej att hon pratar med läkaren om allt han berättat för Anna.

Du förstår sa Anna, när din fru dog och sen fick stå ensam att hantera sorgen, och helt utan samtal med någon så blev du deprimerad och detta ledde till att du började dricka för att döva smärtan för att hantera detta, eller har jag fel sa Anna till Bertil. Han tittade på Anna, så glad över att någon förstod honom och sa till Anna att hon hade så rätt i vad hon kommit fram till. Bertil får en tår i ögat och försöker att inte gråta över Annas omsorg över Bertil. Han tackar Anna oerhört mycket för att hon tog sig tiden och satte sig ner och prata de med honom.

Anna beslutar sig för att prata med ansvarig läkare på en gång.

Ihop med Bertil så beslutar man att han ska behandlas för sitt missbruk och sen ska han få hjälp på en vårdavdelning för sin sorg och depression.

Allt detta bara för att Anna hade tiden att sätta sig ner och prata med Bertil så hade man fått hans historia, man kunde även lägga upp en plan för honom och hans mående. Han fick hjälp av både en psykolog och samtalsterapeut genom vårdplanen man satte upp för Bertil.

Anna kände att hon hade gjort ett bra jobb den dagen. Hon lyckades rädda en oerhört fin person som genom sin kris och sitt trauma när frun dog och då valde att börja dricka för att lindra sorgen i sin ensamhet, nu äntligen hade Bertil fått rätt hjälp och även lyckas få sitt liv och även barn och barnbarn åter.

Det är viktigt även att komma ihåg att det finns inget rätt eller fel i sina reaktioner då ett trauma är helt individuella från person till person!

Här möter vi Sven.

När Sven han var liten var han nära att drunkna, han och några kompisar var ute och lekte, och det var sommar och solen sken. De hade bestämt sig för att gå till sjön och att bada, något som de gjort många gånger förut. När de kom till sjön var det redan många barn där och simmade och lekte i vattnet.

Vi kan också berätta att Sven var en ganska tuff kille, en orädd och rätt stursk för sin ålder.

Grabbarna gick ner i vattnet och badade, stimmade och stojjade så som grabbar brukar göra.

Efter en bra stund så bestämde sig Sven för att han skulle klättra upp i ett träd för att hoppa ner i vattnet. Han klättrade upp och tittade ner i vattnet, och han tyckte att det var lite väl långt ner till ytan på det svarta vattnet, men han kunde inte backa nu, då det stod ett helt gäng och tittade på honom som utmanade honom att hoppa.

Men Sven hoppade i vattnet ändå trots rädslan. Där han landade var det mycket vass och sly på botten. När han kom under ytan så fastnade han i en rot som stack upp och han slog i huvudet och tuppade av.

När han inte kom upp till ytan på en gång så förstod hans vänner att något inte stod rätt till och de hoppade i vattnet fick loss honom och

kunde hjälpa honom upp på land igen. De hade
rättat Svens liv.
När Sven kvicknade till stod det en massa barn
och tittade på honom och han kände sig dum och
utstirrad.
Då han kände sig så bortgjord och skamsen så
vägrade han prata om det, ville inte heller kännas
vid det, han trodde minnena skulle försvinna av
sig själv. Inte ens hans föräldrar berättade han
detta för.

Åren gick och och efter ett tag började Sven
drömde mardrömmar om händelsen, han hade inte
badat sedan den gången då han fick panik bara av
känslan av vatten. Han som tidigare gärna stått i
centrum, ville nu inte synas så mycket, han blev
lite som en grå mus, en person hans familj och
vänner inte kände igen. Och ju längre tiden gick
detso mer utvecklade han social fobi och vill inte
vara där det finns många människor där han
riskerar att någon tittar på honom.
Sven blev då med tiden ganska ensam då hans
socialfobi hindrade honom att umgås med vänner
och lära känna nya bekantskaper. Sven och var
ofta nedstämd, fick gråtattacker, kände sig
värdelös och tillslut så tyckte hans familj att de
behövde ta honom till en läkare, och efter samtalet
blev även Sven sjukskriven för deprission, och fick
även utskrivet medicin för sömnen.

När Svens mamma hastigt gick bort så blev Sven
den som skulle ordna allt med begravning och
boupptäckning. När begravningsentrepenören
kom och skulle gå igenom allt med Sven så såg
han att det fanns något mer än sorg och började
fråga Sven om livet och det ena ledde till det
andra och han hjälpte då Sven att få kontakt med
en kurator som Sven sen gick på samtal hos.
Där kunde Sven öppna sig efter några samtal,
och kunde börja bearbeta händelsen vid vattnet
som har styrt hans mående under så många år.
Efter sin terapibehandling började Sven så sakta
ta kontakt med människor igen och hans sociala
fobi blev bättre när han fått verktyg och förståelse
för vad som händer och varför.
KBT var en bra behandlings metod för honom.

Sexualbrott

Sexuellt våld eller ordet sexuella övergrepp som man ofta benämner det. Vad är det och hur påverkar det människan som utsatts och dennes omgivning. *Sexuellt utnyttjande av barn är missbruk av makt och en grundläggande avsaknad av respekt för barnet. Sexuella övergrepp/sexuellt utnyttjande är ett brott. Sexuellt utnyttjande av barn är när en ung person eller en vuxen använder sig av sin fysiska styrka, sin auktoritet eller sin psykiska makt och överlägsenhet för att involvera ett barn i sexuella aktiviteter.* Så sexuella övergrepp är inte bara fysiska handlingar utan även när en ungvuxen eller vuxen person övertalar/hotar ett barn över internet att utföra sexuella handlingar eller visa upp sin kropp. Det finns mycket forskning och många studier som beskriver hur en person som utsatts för övergrepp eller som vi vill kallade det sexuellt våld.

Det finns många böcker och många berättelser om hur det var och vilka konsekvenser som det blir när en person har förgripit sig sexuellt på ett barn (0-18år). Ändå så har inte rättsapparaturen förstått fullt ut och det är svårt för barn att få upprättelse och hjälp. Det har blivit lite bättre då kunskapen har ökat men långt ifrån tillräckligt. Då barn inte har samma rättigheter som vuxna och måste förlita sig på att vuxen världen agerar och lyssnar så utgör de en grupp som har svårt ibland att bli lyssnad på och ibland är det omöjligt för barnet att bli hörd.

Att bli utsatt för det sexuella våldet är ett trauma som är så stort, att det för oss anhöriga runt omkring den som utsatts för det sexuella våldet har svårt att greppa hur den utsatt verkligen mår och går igenom.

Att det som hänt eller händer borrar sig djupt in i själen och kroppen som lämnar stora ärr. Det förövaren gör är att kliva innanför trygghetszonen. Att inte ha möjlighet att värja sig eller fly från det smärtsamma och hemska man är med om när förövaren kränker och söndrar riskerar att det man är med om blir "otalbart". Den själsliga smärtan och rädslan tar över människans förmåga att kommunicera så att andra förstår. Oftast så är förövaren större både fysiskt som psykiskt vilket medför att barnet/vuxna inte har möjlighet till försvar. Det vi vet är att de flesta övergreppen på barn och vuxna är av någon som man känner och finns i dess närmaste omgivning. Och det medför ytterligare svårigheter för personen att kunna berätta då de träffar sin förövare ofta och har ingen möjlighet att undvika möten.

Jag hörde en gång en väldigt bra beskrivning hur det fungerar i trauma. *"Hjärnan älskar dig och gör allt för att skydda dig så den tar till de åtgärden den måste för att du ska överleva".*

Så när barn eller vuxna utsätts för sexuellt våld så träder reptilhjärnan in, (den vi använt oss av sen urminnes tider för att överleva). Hjärnan väljer då inom loppet av 0,5-0,7 sekunder om du ska fly, slåss eller frysa till is. Då förövaren är större än offret så blir det oftast att man fryser till is då de andra alternativen inte kommer fungera. Om jag spelar död så kanske jag överlever. Detta ser man i djurvärlden där används detta när ett djur blir inträngd och riskerar att bli uppäten. (Kattens lek med en mus) Det man upplever under övergreppet/våldet är så hemskt och smärtsamt själsligt och kroppsligt så att hjärnan "hjälper" offret genom att stänga av då hjärnan anser att du kommer att dö. Att stänga av fungerar bara om situationen upprepas och så fort det blir skillnad i övergreppet är det ett nytt trauma, så om man utsätts för upprepade övergrepp så blir det flera trauman och så komplicerat då hjärnan hela tiden skyddar dig från att dö genom att stänga ner, och sortera in det i olika fack. Ungefär som en dator gör när den sparar information och delar upp det i olika filer.

När man sen ska återberätta dessa händelser som man arbetat hårt med ska förvinna, som gör så ont att återberätta. Då är det svårt att få till den röda tråden som vuxna och rättsväsendet kräver.

Och då barn inte har de ord som krävs så blir det ytterligare ett problem då vuxna inte förstår vad barnet berättar. Vad gör det med barnets utveklig och vad kan det bli för konsekvenser?

Barnet kan stanna i sin mentala utveckling. Barnet kan även gå tillbaka till den trygga perioden innan övergreppen började. Det är här vi vuxna behöver vara uppmärksamma på vad som händer och hjälpa barnet genom att våga fråga och agera.

Vad blir det för konsekvenser och hur kan vi upptäcka eller misstänka att ett barn utsätts för sexuella övergrepp/sexuellt våld?

Barnet har ofta ont i magen/huvudet och kan ha problem med maten. Barnet har kunskaper om sex som inte är avdikat för barnets ålder. Barnet har ett sexualiserat beteende, omättliga bekräftelsebehov och är gränslösa. Koncentrationssvårigheter, inlärningsproblem och onaturliga rädslor och vill inte gå hem.

Rymningar, oro, ångest, PTSD(Posttraumatiskt stressyndrom). Mardrömmar, nattskräck, regression/omogenhet, aggressivitet, bråkighet, nedstämdhet, tillbakadragenhet, dålig och negativ självbild och låg självkänsla.

Barnet kan ha svårt med kompisrelationer. Sömnproblem, mardrömmar. Barnet/ungdomen kan ha ett självskadebeteende och är självdestruktiv. Barnet/ungdomen kan vara deprimerad och ha självmordsproblematik. Barnet/ungdomen kan utveckla ett risktagande och sensationssökande beteende. Det är en risk för missbruk och/eller prostitution och få ett promiskuöst beteende. Barnet/ungdomen kan ha skador på kroppen och kroppsliga besvär. Konsekvenserna är många och en del som utsatts för sexuellt övergrepp/sexuellt våld har inga av ovanstående symtomen.

Men att man kan reagera olika och konstigt är inte ovanligt och de flesta beteendena är en naturlig reaktion på onaturliga händelser.

Det vi nu ska fokusera på är PTSD
(Posttraumatiskt stressyndrom)

Det som blir då man har PTSD är att man är under konstant larmberedskap och traumat man varit med om återupplevs i minnet (Flashbacks). Det är som om man är tillbaka till händelsen eller händelserna igen. Man kan fungera som vanligt men det finns en risk att när något påminner om händelsen och det triggas igång (0,5-0,7s) genom dofter eller platser, det kan också vara synintryck. Då så minns man inte exakt vad man gör eller är.

Exempel. Om det blir en situation då någon lärare eller skolkamrat har samma doft som förövaren, så går hjärnan in i hotbild och då handlar livet om att fly, frysa till is eller slåss. Och det går fort att hamna där ca 0,5-0,7 sekunder. Och om man då hör skolklockan ringa läggs de på traumat så nästa gång man hör skolklockan går man in i samma hotkänsla.

Att människor med PTSD också har sömnproblem, mycket mardrömmar och vaknar ångestladdad, svettig med flyckt känsla tillhör även det till vanligheten. För det är under sömnen vi bearbetar händelser och då man har ett trauma som är så komplext att det inte går att prata om så blir det konstiga, hemska mardrömmar. Som i sin tur riskerar att man blir rädd för att sova.

Det är också så att man vill skydda sig själv genom att undvika platser, aktiviteter eller personer som framkallar minnen av traumat. Det är ju svårt om man är tvungen att träffa eller möta sin förövare i hemmet eller i miljöer som man måste vara i. Människor med diagnosen PTSD är överdrivet vaksamma och är ofta väldigt lättskrämda eller blir väldigt irriterade och får vredesutbrott. De kan även drabbas av känsloavtrubbning (t ex oförmåga att känna glädje) och kan ha en känsla av hopplöshet och likgiltighet för framtiden. De kan också ha minskat intresse av aktiviteter som de har tyckt varit roligt tidigare. I skolan och tillfällen som det krävs koncentration så har de ofta svårigheter och det kan man förstå utifrån tidigare beskrivning som att de är under konstant larmberedskap och måste ha koll på sin omgivning och vilka personer som kan uppfattas som farliga.

KPTSD (Komplex Posttraumatiskt stressyndrom)

Komplex PTSD är ganska nytt och det har kommit till då det ibland inte räcker till med diagnosen PTSD utan traumat är så mycket mer och det drabbar personer som varit med om upprepade sexuella övergrepp i barndomen och/eller personer som är uppväxta med våld i hemmet. När ett barn blir sviken av vuxenvärlden. Känner att den har blivit övergiven och lämnad i svåra situationer och när barnet blivit allvarligt kränkt. Ungdomar och vuxna kan också få denna diagnos.

När det gäller fysiska trauman som att bryta ett ben eller något som man kan se, finns det redan invanda sätt att bearbeta. Man pratar med sin omgivning och människor är inte rädda för att fråga. *Hur mår du? Gör det ont? Vill du ha hjälp?* Men när det gäller våld i hemmet och sexuellt våld så finns det en tystnadskultur om att inte fråga eller lägga sig i. Det gör att den som blir drabbad har så mycket svårare att få hjälp och det tar tid att läka i själen då omvärlden låtsas som att inget har hänt.

Syskon, föräldrar, släkt, vänner och den som på något sätt har mött barnet (grannar/ lärare) drabbas psykiskt av vad barnet varit med om, och det uttrycker sig på olika sätt, Bland annat skuldkänslor i att inte hindrat, agerat eller kanske inte förstått. Kanske skam över att inte har"sett". Omgivningen kan känna ilska, rädsla och är förövaren någon de känner så kan det skapa misstro till vad som hänt.

Och varför känner man misstro? Vår teori är att om denna person som man känner kan och har gjort detta så hamnar man i självanklagelser om att man blivit lurad och manipulerat.

Och det kommer krävas mod av människor att möta både offret och förövaren. Man vill inte tro att någon man känner kan göra sådana handlingar. Så då väljer man att inte se, höra eller ens prata om det. *För att man tror att det kanske försvinner av sig själv. Lite hokus-Pokus. Men ser verkligheten ut så? Försvinner verkligen saker av sig självt?*

Rädslor styr oss mycket mer än vi i allmänhet tror. **För mod är inte att vara utan rädsla, mod är att agera fast man är rädd.**

Våld i nära relation

Detta handlar om när ena parten i ett förhållande utsätts för någon form av misshandel.
Våldet kan bestå av olika delar och vi kommer beskriva dem lite kort här, så du förstår vad som är vad.
Oftast är det kvinnan som utsätts för våld i nära relation. Visst finns det män som också utsätts, men merparten är kvinnor som råkar ut för detta.
Allt våld är ett trauma i sig, oavsett hur mycket eller hur lite man utsätts.
Så varför utsätts man då för våld i nära relation? Det handlar oftast om att ens partner vill ha kontroll och makt över den man säger sig älska.
Men det är aldrig rätt oavsett hur mycket ens partner säger sig älska någon för det är inte äkta kärlek. Utan kontroll och makt!
Att utsättas för våld i nära relation är en oerhört kränkande handling, denna handling väcker även skuld och skamkänslor hos den som utsätts för våldet. Att inte berätta för någon att man utsätts för våld i nära relation beror på att man känner en skam över vad man utsätts för. Man känner även en skuld över att behöva peka ut sin partner som den som utsätter en för misshandeln. Man är även rädd för de eventuella konsekvenser som kan uppstå om man säger något, eller anmäler.

Det är inte heller helt ovanligt att den som utsätter en för misshandel hotar en med att begå självmord eller mord om man vill anmäla till polisen.

Man kan även riskera att skadas allvarligt eller även dödas om man lämnar ens partner som skadar en, speciellt om man inte får hjälp när man väl väljer att lämna.

Det är inte helt ovanligt att man drabbas av utmattningssyndrom efter man råkat ut för våld i nära relation då man går under långvarig stress. (PTSD). När man blir sjuk i utmattningssyndrom så behöver man få hjälp av ett team av läkare, KBT och även om du har en chef för att du ska få hjälp på rätt sätt. Är du medlem i facket kan du även be dem vara med under denna tiden på dina rehabiliteringsmöten. Glöm inte kolla upp ifall du har en speciell sjukförsäkring via ditt fack. Då ekonomin blir dålig och du behöver alla tillägg du kan få. En sjukskrivning är oftast ett måste för att i lugn och ro få både kroppen och hjärnan att börja läka och hur lång tid det tar beror på hur pass allvarligt detta trauma är.
Du är viktigast här. Du behöver den tiden!

Misshandelsformer

Vi kommer här beskriva de olika misshandelsformerna så du ska förstå de olika begreppen.

Psykisk misshandel.
Detta är den misshandelsform som oftast brukar börja först.
Det innebär att den som utsätts kan bli kallad något kränkande, eller få höra att man inte borde klä sig eller sminka sig på ett sätt som är utmanande enligt personen som utsätter dig för våldet.
Man kan få höra att man umgås med sina vänner för mycket, eller fokuserar på sitt jobb för mycket eller blir ifrågasatt vem eller vilka man jobbar med. Vilket är även ett sätt att *isolera* dig från din familj, dina vänner och även dina kollegor.
Det är inte helt ovanligt att personen visar svartsjuka eller manipulerande sidor redan här.
Om det finns djur med i bilden så kan han utföra våld på djuret/djuren då han statuerar exempel på sin makt. Han kan även hota med att döda djuret eller djuren. Han kan också se till att djuret/djuren försvinner/gömmer för att ha ett påtrycknings medel.

Sexuellt våld

Detta är när ens partner vill ha sex med dig, trots att du kanske inte vill. Du kan vara den tiden på månaden och du känner dig uppsvälld och du känner dig oattraktiv. Att vilja ha sex då är inte kärlek eller tecken på ömhet.

Sexuellt våld innebär även övertalningar, knuffar eller att ens partner tar täcket för att du ska ha sex mot din vilja. Man kan ge med sig bara för husfridens skull. Vilket är allt annat än okej och det är våld. *I alla lägen!*

Ekonomiskt våld

Detta innebär att din ekonomi blir påverkad. Du kan bli den som får betala alla räkningar. Och blir du gravid så kan du bli den som får betala allt till det kommande barnet. Du kan få höra att det är du som är gravid och då får du även betala allt. Maten kan även bli du som får betala utöver alla andra räkningar. Och din partner hjälper inte till alls, utan hans ekonomi är hans. Och dina tillgångar är era gemensamma!

Vid en separation kan det bli oerhört kostsamt för dig. Då han ännu anser att dina pengar är era. Så kostnader för eventuella barn, så som försäkringar, barnomsorg mm – trots att båda nyttjar detta, och även kläder och alla omkostnader för era barn, blir då din kostnad.

Han kommer påtala att han betalar underhåll, om du får igenom det med honom.

Du kan komma även att hamna i kris med ditt jobb, då han inte vill ta barnen så du kan jobba och då tvingas att ta ut vård av barndagar under hans vecka. Vilket i långa loppet kan innebära att du får söka nytt jobb eller blir uppsagd.

Han kan även tvinga dig inför rätta för att bråka om vårdnaden och då behöver man en duktig advokat som kan hjälpa en igenom hela processen. Även det är en dyr kostnad.

Fysiskt våld

Det fysiska kan bestå av knuffar, puttar, dra i håret. Även slag mot kroppen, gärna mot ansiktet så du tvingas sminka över blåmärkena. Du kan även bli slagen med tillhyggen.

I värsta fall så kan detta våldet leda till din död om du inte lyckas ta dig ur detta innan det gått för långt.

Våldet kan tyvärr eskalera när du väljer att lämna. Men du *kan* lämna. Du behöver ta dig till kvinnojouren för att få hjälp och skydd. Och du måste polisanmäla oavsett om du känner dig bekväm med det eller inte. Du behöver även dokumentera skadorna för framtiden. Även på barnen behöver man dokumentera för att kunna skydda dem i framtiden. Det kan även innebära att han undanhåller hjälpmedel som exempel,

rullstolen,kryckorna, medicin. Detta är också ett
sätt att kontrollera dig.

Stalking

Detta är när din partner förföljer dig. Antingen
fysiskt eller via din telefon/datorn. Partnen har
koll på dina aktiviteter via dina sociala medier.
Din partner kan i ett oövervakat läge ha tagit din
telefon och få dit en app som övervakar dig om du
inte har lås på din telefon. Eller din dator. Så se
till att alltid ha en kod på dator och telefonen.
Lämna aldrig ut lösenord till olika appar/mail och
sidor exempel facebook, instagram mm.

I alla dessa lägen så uppstår ett trauma som man
behöver bearbeta för att kunna lägga detta bakom
sig. Du kanske inte tycker att det är jobbigt just
nu eller anser dig behöva det. Men i framtiden så
kan saker uppstå som gör att du börjar
återuppleva detta igen. Det är ett *fördröjt
traumabeteende.*
Det är betyder att kroppen och hjärnan börja
återuppleva traumat ännu en gång.
Man kanske inte förstår att det har med
händelseförloppet, då du blev stalkad. Men genom
en bra psykolog eller terapeut så kan man få hjälp
att kartlägga sitt liv och utifrån det börja bearbeta
allting.

Hur länge man kan behöva terapin är helt individuellt. Alla reagerar olika och alla måste bearbeta detta på olika nivåer och olika sätt.

Mobbing

Mobbing är oerhört kränkande och man kan utsättas för mobbing på olika sätt. Även i olika situationer så som *hemma, i skolan, på hemmet eller av en granne. Även på jobbet.*
Mobbing kan vara fysiskt, psykiskt men även verbal och exempel på det är slag, knuffar, förstöra dina saker. Kallar dig för olika öknamn, så som glasögonorm, pluggis, lärarens älskling mm.
Att hotas om våld så som att man ska få stryk och skrämmas till tystnad. Man sprider rykten och hånar den utsatta. Kränkning genom att någon utsätter dig för sexuella trakasserier
Även förtal (ryktesspridning) och skadegörelse är mobbing.
På jobbet så kallar man det för vuxenmobbning.
Man pratar illa om en kollega till de övriga kollegorna, eller stänger en dörr framför näsan på dig. Eller tömmer arbetsrummet på kollegor när ni ska äta lunch så du får äta ensam!
I dagens samhälle med internet så utsätts mobbingen även där, då personer som sitter bakom en dator eller mobiltelefon känner sig tuffa nog att kunna skriva vad som helst.

Mobbing är aldrig okej och det är kränkande för den som utsätts.

Varför mobbar en person eller flera personer någon då? Ja, kanske för att personen har en låg självkänsla eller för att må bra själv. De som mobbar har i sin tur oftast en bakgrund i att kanske ha tufft hemma på olika sätt eller behöver hävda sig och bli stor genom att trycka ner andra. En person som inte tar ansvar för sina handlingar.

Exempel

En flicka, som vi kan kalla Susanne. I hela hennes uppväxt har hon varit mobbad av sina klasskamrater, grabbarna var värst. De retade henne för att hon var minst i klassen, hon pratade med en annan dialekt då hon kommer från en annan stad. Man började att stänga dörrar för henne, så hon inte kunde ta sig ut. Man kastade saker på henne och knuffade in henne i väggarna. Vid ett tillfälle så fällde man Susanne på övergångstället så hon föll precis när en bil kom åkandes, som tur var så lyckades föraren i bilen reagera och få stopp på sin bil i sista sekund. Medan Susanne tog sig upp så stod hennes mobbare på andra sidan och skrattade åt henne. Men det var inte bara i skolan de tog sin chans, de gav sig även på Susanne utanför skolan, då de alla bodde rätt nära varandra.

Trots att Susanne hade tuff med sina klasskamrater så lyckades hon ändå orka med att gå i skolan, hon är rätt stark och hon hade några få vänner omkring sig som försökte få stopp på Susannes mobbare, men utan resultat.

Vid ett tillfälle så omringade de henne och hon fick ett rejält knytnävslag i ansiktet så hela ansiktet svullnade upp.

Även fast Susanne flyttade och fick byta skola flertalet gånger, så slutade inte mobbingen där, hon utsattes nu för att man kastade suddigum på henne. Man knuffade in henne i skåpet och man sparkade henne i ryggen.

Inte förens Susanne flyttade ännu en gång och på nytt bytte skola i högstadiet och kom till en ny klass i 8:an så kom vändningen för henne i skolan. Då fick hon en vän som var skolans värsting, denna nya vännen visade Susanne runt på skolan, hon lyfte Susanne som mådde rätt dåligt vid detta tillfället och att ha mött sin nya vän gjorde att Susanne började växa och insåg att skolan är rätt rolig numera.

Hon började även i kören och fick en del nya vänner.

Bara genom att möta en ny vän så kom äntligen vändningen efter år av tuffa år i skolan.

Anna hade nu mött rätt person som fanns där för henne, stöttade henne och fick henne att få bättre självförtroende. När hon väl slutade grundskolan kunde hon lägga de tuffa skolåren bakom sig. Hon kände att börja på gymnasiet blev en nystart för henne. Och hon valde att aldrig berätta för sina nya klasskamrater om hur hennes tidigare skolår varit. För hon ville inte bli ett offer, ännu en gång!

Misshandel.

En misshandel kan bestå av många delar. Men den misshandel som tar längst tid att läka är den psykiska. Om den någonsin läker. En fysiskt misshandel läker medans blåmärken och sår läker. Men den psykiska är den man kan behöva få hjälp att bearbeta för att komma en bit fram på vägen. Och som vi skrev i början på boken så kanske det aldrig läker. Allt är som vi började med att skriva i boken, individuellt och alla regerar olika på dessa trauman.

Vi vill ge dig exempel så du ska förstå vad vi menar då denna händelse kan ge känslor som både skuld och skam genom förnedringen denna upplevelse ger. Men även genom denna otäcka händelse så uppstår är även ett fysiskt och psykiskt trauma.

Tänk dig att du går på gatan och någon rånar dig
på din mobil och din plånbok eller väska och du
gör så klart kraftigt motstånd då du inte vill
lämna ifrån dig dina tillhörigheter frivilligt, i och
med ditt motstånd så väljer då rånaren att
misshandla dig för att få de saker som de är ute
efter.
Du hamnar då genast, tyvärr i underläge, och
rånaren vinner då den kampen.
Att göra motstånd är nog något de flesta av oss
gör, även om det kanske inte alltid är rätt men vi
vill ju inte släppa våra tillhörigheter till en rånare
bara så där, utan kanske tar den striden. Även om
polisen kan avråda en från att göra motstånd för
ens egna säkerhet så reagerar man oftast per
automatik.
Efteråt så är du skadad både fysiskt och psykiskt.
Då det lämnar ett av tryck i ditt medvetna om den
händelse du varit utsatt för. Dina skador på ytan
läker inom sinom tid.
Men de psykiska skadorna är det man då
benämner som ett trauma i medicinska termer.
Detta trauma är det som du behöver bearbeta.
Inom sinom tid så kommer detta akuta trauma
läka, men du kommer alltid ha med dig minnet av
händelsen. Och om du blir påmind om denna
händelse genom att någon annan råkar ut för en
liknande händelse så minns din hjärna din
händelse och du kan då få en känsla av att vara
tillbaka till när du själv utsattes för rånet.

Detta kan liknas med PTSD – Posttraumatisk
Stressyndrom. Som vi beskrev tidigare i boken.

Inbrott

Detta är något som är oerhört jobbigt för den som
utsätts, av många anledningar.
Någon person för dig, helt okänd, eller ännu
värre, kanske någon du även känner.
Har varit inne i ditt hem, din trygghet, och rotat
bland dina personliga tillhörigheter.
Man har alltså skändat det som är heligt för dig.
Förutom att man tagit dyra och värdefulla saker
så finns det så klart något som känns värst, det är
saker du fått i gåvor eller något du av ärvt någon
närstående. Eller om du sparat väldigt länge för
att köpa just den där tv:n eller den där
supersnygga soffan som blev förstörd av
inbrottstjuven/tjuvarna.
Detta är så klart den yttersta kränkningen man
nu utsatts för väcker känslor så som chock, vrede
och sorgsenhet, vilket är helt normala reaktioner.
Nu måste man inte bara tillkalla polis, man måste
även kontakta ett försäkringsbolag och att kunna
återskapa eventuellt värde på det som försvann
kanske inte alltid är så lätt. Man kanske inte ens
hittar kvitton på de saker man blev bestulna på.
Allt detta är även det en stress, som är det sista
man behöver i denna situationen.

För en del, så kan detta vara ett trauma som kräver att man får prata av sig med en kurator, eller terapeut. Blir du även sjukskriven på grund av stressen kan din vårdcentral erbjuda dig en samtalskontakt för att bearbeta detta. Ett gott råd är att tacka ja, då det kan komma stunder långt efteråt när man känner sig otrygg i sitt hem, eller även känslan av att man inte vill lämna sitt hem för att man är rädd att det ska hända ännu en gång. *Denna reaktion är helt normal.*

En del reagerar helt annorlunda, en del ruskar av sig detta efter att man gjort klart med polisen och försäkringsbolaget och ersatt det som försvann. Man blir självklart arg när man får inbrott. Man tycker att det är så onödigt och det innebär merjobb för en att försöka återställa sitt hem. Man kanske även sätter in larm. Din partner och dina barn kanske känner en större otrygghet, främst barn kan ha svårt att förstå vad som hänt med deras saker och att hemmet är i en enda oreda.

Det som är viktigt här är att man måste komma ihåg att alla reagerar olika och det är helt okej då man får agera utifrån varje individs reaktion och behov av att bearbeta detta trauma som det blir efter att någon trängt sig in ens hem.

Här tänkte vi nu prata om

Fysiskt trauma

För de flesta så innebär inte det att bara för att man blir sjuk så uppstår ett trauma. Absolut inte, du kan bli förkyld och sen frisk på några dagar. Du kan råka skära dig på fingret av papper när du håller på med räkningar. Bara för detta så uppstår det inte ett trauma. Utan det kan vara lite mera allvarligare än så. Fysiskt trauma innebär att du på något sätt blir sjuk eller skadad och du blir då tvungen att uppsöka läkarvård för att få hjälp. Fysiskt trauma kan uppstå när du till exempel blir påkörd och får frakturer på skelettet eller får ett slag mot ditt huvud. Eller om du får en svår sjukdom som måste behandlas. Även barnafödande kan vara ett trauma. Så även en hjärtinfarkt. Många som insjuknar kan behöva vård oerhört fort, en del fortare än andra. Vissa som föder barn kan ha en svår förlossning. En del kanske även har haft en svår graviditet eller är har för trånga kanaler att föda barn genom, och då kanske förlossningen kan bli lite tuff med, och man kan behöva kejsarsnitt. Detta kan vara oerhört traumatiskt fysiskt.

Vid ett fysiskt trauma så ska man absolut inte glömma bort att patienten har anhöriga som man kan behöver ta hänsyn till. De kanske inte förstår

varför deras älskade partner är sjuk. När man
vårdar den som uppsökt vård så ska man visa
hänsyn till familjen med. Man kanske även får
förklara för patientens anhöriga om vad som hänt,
vad som händer nu och vad som kommer ske lite
längre fram. Man får vara väldigt noga med att ge
en sån bra beskrivning man kan så det blir
begripligt då både patient och anhöriga kan ha lite
svårt att ta emot informationen.

För att du ska få lite lättare att förstå vad vi
menar så kommer vi kommer beskriva några fall
så du förstår hur ett fysiskt trauma kan uppstå.

Exempel
En gravid kvinna får veta att hon är gravid i 3e
månaden. Hon är överlycklig och ser framemot
glädjen med en växande mage och köpa fina saker
till sin kommande baby. Hon ser även framemot
att se om det blir en flicka eller pojke, hon
planerar även att jobba fram tills magen är för
tung för att jobba. Hon och hennes sambo är
överlyckliga över detta nya lilla liv som är på väg.
Hon får en tid till barnmorskan för ett första
möte, vilket hon ser framemot. Att få höra babyns
hjärtljud och beräkna nedkomst. Visst är hon öm i
kroppen lite här och var och räknar med att detta
är kroppens sätt att ställa om sig för att vara
gravid och pratar med sin barnmorska om detta.
Detta första möte visar sig bli allt annat än vad

denna gravida kvinna räknat med, då barnmorskan informerade att det kan kännas lite när kroppen ställer om sig, men det ska inte vara så här. Så barnmorskan gör ett samtal till kvinnokliniken för en vidare undersökning av magen och på detta möte så känner denna kvinna hur hennes hjärta sjönk lite. Man såg att babyn växte för lite men att hjärtljuden var oerhört fina. Hon får träffa läkare efter barnmorskans undersökning. Man förklarar för kvinnan att denna graviditet kommer bli tuff då hon lider av något läkaren kallade för överbelastade muskulatur förutom att man ser att babyn växer för sakta.

Denna blivande mamma får veta att allt hon gör är en belastning inte bara för hennes kropp men även för barnet hon väntar på. Hon får även veta att hon ska få träffa läkare och barnmorskan regelbundet, hon ska även få träffa en sjukgymnast som kommer hjälpa henne att få det lättare med att gå och röra sig under graviditeten. Och hon är nu beordrad sängläge resten av tiden. För kvinnan så innebär det att hennes solskenshistoria med att blomma ut och känna sig så där gravidvacker blev till intet.

Hennes sambo kände att man fokuserade mera på den gravida kvinnan när man pratade med dem. Man vände sig oerhört lite till honom och förklarade för honom om vad detta innebar. Och vad hans roll i detta skulle bli nu.

För paret som kände en glädje och lycka över graviditeten vändes detta nu till oro och rädsla över att man kan förlora sin baby. Detta är ett fysiskt trauma för kvinnans kropp men även psykiskt trauma för paret.

Kvinnans kropp reagerade alltså negativt på en graviditet. Hon bar babyn tiden ut men fick ligga till sängs under hela graviditeten. När barnet föddes så blev inte förlossningen så lätt, man insåg att oron under graviditeten inte var obefogad och paret fick då massa stöttning och hjälp både under förlossningen men även på BB närmsta tiden. När paret kom hem med babyn så kom barnmorskan hem rätt snart efteråt för att kolla på den nyfödda babyn så att den kunde äta ordentligt men även för att se hur den mådde, barnmorskan kom hem ett par gånger till för att göra regelbundna kontroller på babyn och se dess utveckling, men även för att trygga den nyblivna mamman och stötta henne.

Exempel
Säg att du som man får oerhört ont i dina genitalier. Du är svullen och det gör oerhört ont att ha byxor på sig. Du anar att något är oerhört fel och du då måste uppsöka en läkare som snabbt bestämmer sig för att undersöka dig och ta massa prover. Man vill även ta biopsier för att se varför du har så ont och varför det är så svullet.

Det visar sig att du har fått prostata canser och måste operara bort testiklarna. Detta är ett stort trauma då du kanske känner att man förlorar sin manlighet och kan då bli deprimerad. Du berättar kanske inte för din familj och dina vänner utan bär rädslan och sorgen själv. Då är det viktigt att din läkare uppfattar detta och erbjuder stödsamtal men också erbjuder dig att bjuda med anhöriga på kommande samtal så att du också får stöd av dem.

Att hitta sin egen plats för återhämtning

Ärvda trauman finns det?

Ja vi tror det. Vi bygger den teorin på att föräldrar och samhället kan fortplanta rädslor för personer eller händelser så starkt att människor som inte varit med kan känna stor rädsla och vår fundering då är hur stor ska rädslan bli innan det blir ett trauma? Om en kvinna blir misshandlad innan och under graviditeten så tror vi att de känslor och stress kvinnan har i sin själ och kropp följer med barnet. Då moder och barnet är ett väsen under graviditet så delar de inte bara näring utan starka känslor som skräck, stress men också känslan av lugn och kärlek. Vi vet idag att barn i magen hör vad som händer utanför och det som den hört ex. en melodi eller en röst, kan bli detsamma som tröstar och vaggar barnen till sömns när de är små. Så då måste väl även negativa händelser och ljud påverka barnet efter födseln.

Ärvda trauman tror vi det för med sig med dem som varit med i krig. Och upprepande trauman finns med dem resten av livet och då är det en risk att traumat finns med i vardagen och hela familjen blir indragen i den. Detta är våra tankar om ärvda trauman, du kanske har andra tankar om det och vi har idag inte tillräcklig med evidensbaserad forskning på det. Så då blir nästa tanke om hur viktigt det är att människor får adekvat och bra behandlingar så att de kan leva ett liv där traumat inte styr, utan det friska får möjlighet att utvecklas och växa. Att psykisk ohälsa ökar vet vi och det finns lika många svar som frågor när det gäller orsak. Det är då viktigt att vi som medmänniskor möts och möter varandra med omtanke och kärlek.

Detta för in oss på nästa spår om samtal och vikten av att vi har samtal och inte bara monologer. Att vi lyssnar och är närvarande i samtalet.

Samtal

Samtal är ett utbyte av information mellan två eller flera människor. Samtal kan ha olika syften och med vem man samtalar med. Det kan vara ett samtal när man argumenterar och det kan ses som en retorikstil och den typen av samtal är ofta en form man använder sig av när man vill få igenom sin åsikt. Det kan också vara den formen vi använder när vi samtalar om våra känslor och de är starka och vår vilja är att den som vi samtalar med verkligen ska förstå budskapet i samtalet.

Samtalet är en viktig form av socialt umgänge där avsikten mer är att umgås och lära känna varandra än att uppnå ett specifikt syfte med samtalet. I dessa fall är samtalsämnet viktigt och det finns vissa sociala regler man måste följa.

Om man inte är bekant med personen man pratar med om allmänna och neutrala samtalsämnen, om man i stället är närmare bekanta så kan man byta ämne snabbt och göra associationer. Det finns vissa situationer som det är ganska givet vad man pratar om.

Exempel.
Man pratar med expediten om varan och med taxichauffören om trafiken. Men i andra situationer så måste man lära sig vilka ämnen man kan kallprata om. I allmänhet så ska man undvika samtalsämnen som kan leda till meningsskiljaktigheter. Men så finns de där samtalen som handlar om det där lite djupare och det kan ske spontant med en främling men oftast så sker det med någon eller några du känner sedan tidigare.

Att vara med i samtalet och lyssna kan vara svårt då tankarna lätt flyger iväg, kanske du sitter och funderar vad du ska svara. Eller så funderar du på vad det ska bli för mat senare, kanske en sak som hände tidigare idag är det du tänker på.

Ja det är många saker som kan få en att inte vara närvarande i samtalet.

Att vara närvarande är viktigt ur flera aspekter, att vara i nuet minskar stressen och du kommer närmare personen eller personerna du samtalar med.

Att lyssna på riktigt är inte att hitta lösningar utan höra olika nyanser och hur personen berättar ger många fler nivåer på informationen som kommer.

Att höra en liten darrning eller ser att personen som pratar ändrar ställning kan ge oss så mycket mer svar. Det ökar också möjligheten att fråga mer och veta vad man ska fråga om.

Exempel.
Berätta mer, vad hände sedan?
Eller hur känner du när du säger det där?

Ja, samtalet blir då på en mycket varmare och djupare nivå. Att titta på personen du pratar med ger också en ökad känsla av tillhörighet och lyhördhet. Att bli lyssnad på och bli sed är nog det som alla människor vill.

Och är jag den som är närvarande i samtalen så ökar det möjligheten att om jag behöver någon som lyssnar så får jag det och att ge en människa den stunden att få berätta, och att jag tycker det du berättar och säger är viktigt.

Det får oss alla att växa, både som människa och som samtalspartner. Det är så lätt att säga -"*jag hör dig.*" men inte alltid lika lätt att vara närvarande. När vi verkligen lyssnar så kan vi få möjligheten att höra om en annans människas liv.

Idag så lever vi i ett samhälle där vi blir matade med information under dygnets alla timmar och vi får hela tiden höra att vi ska prestera mera och vara effektiva, så dagens människa är stressad och då är det svårt att komma ner till det inre lugnet att vi har förmågan att lyssna.

Träna på att lyssna.

Ett sätt att träna på det är att under 20 minuter sitta ner bekvämt. Stänga av tv, radion och telefonen. Blunda och slappna av, sitta tyst och lyssna på vad du hör. Du kanske hör fläkten som snurrar, grannen som klipper gräset. Det kanske åker en bil förbi och du hör grannens barn skratta i leken som de leker.

Sen så kommer det andra ljud som att det susar i träden utanför. Det surrar en fluga i rummet. Desto mer du lyssnar desto mer hör du och du kommer upptäcka så många ljud som du inte är medveten om. När du gör detta så kommer du märka att du blir mer avslappnad i kroppen och själen blir lugnare, stressen minskar.

När den minskar så ökar din möjlighet att lyssna så mycket mer. Att lyssna är en underbar förmåga vi alla har, men då vi lever ett liv med så mycket måsten glömmer vi lätt bort att lyssna både på andra men också på oss själva.

Att lyssna inåt ger oss många svar hur vi vill ha det och hur vi själva känner i olika saker. Det kan vara skrämmande när man inte är van att tänka på sig själv och att vi under många år fått till oss att det är att vara egoistisk, men vi håller inte med om det. För att lyssna inåt lär oss så mycket om oss själva och vi måste ta hand om oss i alla avseenden inte bara motion och kunskap intag. Vi är människor och vi är tänkande varelser där samtal och kommunikation är ett av de starkaste verktyg vi har. En annan förmåga som vi använder lite för sällan är att förmedla tillit och tron på att människan är unik och alla är vi olika.

Känslor och människan!

Vi människor har åtta grundkänslor och det är fem stycken som är negativa och tre stycken som är positiva. Bara där kan man förstå att det är lättare att tänka negativa än positiva tankar. Det medför att vi aktivt behöver tänka i positiva banor och lösningar, det kan vara svårt men man kan ta hjälp av olika positiva citat och andra människors positiva energier.

De åtta grundkänslorna delas upp i följande.

De negativa, *Ilska, Rädsla, Ledsen, avsky och skam.*

De positiva grundkänslorna är följande.

Glädje, överraskning och intresse.

Om vi tittar lite närmare på de olika grundkänslorna och tittar på vad de står för och hur kan det hjälpa oss själva och andra.

Vi börjar med de negativa känslorna.

Första ordet, *ilska* vad kan vi beskriva det med för ord? *Vrede, förbannad, vansinnig, harm, agitera.*

Det andra ordet är *rädsla* och hur kan vi beskriva det med för ord? *Skräck fasa, förfäran, förskräckelse.*

Det tredje ordet är, *ledsen* hur beskriver vi det med andra ord? *Nedstämd, deprimerad, dyster, nere, sorgsen, olycklig.*

Den fjärde känslan är, *avsky* och kan beskrivas med andra ord som *hat, äckel, antipati, ogillande, avsmak.*

Det sista ordet under den negativa gruppen är, *skam* den är tung och den kan även beskrivas med andra ord som *samvete, ånger, skuld, vanheder, nesa, heder och skandal.*

De tre positiva grundkänslorna är mindre i antal men inte mindre viktiga för det. Att vi måste arbeta med dessa tre är för att de skall bli starkare och mäktigare än de negativa känslorna. För att förstå de tre grundkänslorna och deras underbara makt så kan man börja med att beskriva dem med andra och fler ord än de negativa.

Vi börjar med, *glädje* och beskriver den med andra ord som *solsken, fröjd, jubel, lycka, förtjusning, upprymdhet, tillfredställelse, pirr, lust, munterhet och nöje.* Som ni ser så finns det så många vackra ord för *glädje* som vi kan använda oss av.

Det andra ordet är, *överraskning* och det kan vi beskriva med andra ord som *förvåning, häpnas, surprice.* Som ni ser så finns det inte lika många ord som i glädje, men det är för att den är så specifik och vi alla använder ordet *överraskning* i vardagen och beskrivningen behövs inte förstärkas.

Det tredje ordet är, *intresse* och den kan beskrivas med ord som *nyfikenhet, lust, tänkvärt, engagerande, spännande, medryckande och fascinerande.*

Hur kan vetskapen om dessa betydelser och ord
hjälpa oss? Genom att vi förstår så har vi lättare och tolka
vad som händer i olika situationer och avkoda vad
som händer i människor vid möten och
sammankomster.

Reklam är ett sätt att försöka förmedla en känsla
som gör att vi vill köpa något.
Exempel.
Om du köper denna produkt så blir du lyckligare,
gladare livet blir spännande. Propaganda är också
ett sätt för några eller någon som vill få oss att
känna en specifik känsla och den känslan skapar
en eller flera tankar som får gruppen att agera
utifrån vad Propagandan vill att vi skall göra.

Genom att använda rädslor i sin propaganda så
vill människor skydda sig ifrån det som är hotfullt
genom olika strategier. Att det då finns en lösning
som ger människor trygghet och glädje är ett sätt
att få människor att agera.

Exempel på det är att någon/några personer har
en ide, om att katter är farliga, äckliga och
skadliga så startar de en propaganda som spelar
på våra känslor. Att katter är skadedjur och att de
kommer leda till vår död. De känslor de använder
sig av är *Rädsla, Ilska, avsky och skam (skandal)*.
Nu vet vi alla att katter inte har dessa egenskaper
så detta är bara ett exempel. Vi vill med detta

exempel visa hur viktigt det är att förstå känslor och hur vi agerar utifrån dem.

Svartsjuka!

Detsamma gäller en sak som svartsjuka! *Vad står det för och vilka känslor handlar det om eller är det tankar som skapar känslorna?*

Vi tittar lite närmare på det. Svartsjuka kan vara rädsla för att bli övergiven, lämnad eller sviken. Den kan också innehålla känslan av att äga någon eller något och att man inte vill att någon annan ska få tillgång till det. Så då är det känslorna *ilska, rädsla, avsky* men också *skam,* då det är med andra ord får oss att känna oss mindre värda, heders tänk och skandal.

Då dessa känslor blandas blir det gärna en krock i tankarna som skapar det man kan kalla för de svarta tankarna och skapar cirkelformade tankar om det som kan vara eller kanske bara finns i fantasin. Det grundar således på att man anser sig vara utbytbar eller dålig självkänsla och/eller äganderätten.

Vi styrs av känslor men det är tankarna som styr vad vi ska känna, så om vi har det med oss i livet, att om jag ändrar mina tankar, om händelsen eller jaget så ändrar jag också de negativa känslorna som får oss att agera på olika sätt.

Inom KBT (kognitiv beteende terapi) fokuserar man sig på *känsla, beteende, tankar* och genom att arbeta med den ena delen så förändras vårat förhållningssätt och vi kan då må bättre.

Exempel.
Om du är rädd för att åka hiss, då undviker du att åka hiss, som i förlängningen gör att du blir mer rädd. Att utsätta sig i olika etapper för att åka hiss så minskar rädslan. Det beskrivs så att genom att ändra ditt beteende (Står i hissen) och tänker"jag är inte rädd" så minskar den negativa känslan *rädsla.*

Vi föds med dessa åtta grundkänslor och med tiden så utvecklar vi fler nyanser av dessa. Så att förstå varför vissa tankar och händelser utlöser känslor/tankar så kan man plocka ut vilka känslor det handlar om och vad står det för. Genom att göra så kan man ibland lösa en del problem man har.

Exempel.
Det kan vara en person på jobbet som du inte går ihop med eller varför du blev arg när du missade bussen. Ja det kan användas i alla situationer. Som det stod tidigare i texten så är det fler negativa känslor än positiva så behöver vi jobba mer med att tänka positiva tankar och kan vi vända en negativ tanke till något positivt så mår vi mycket bättre. Och vi kan ge positiva känslor till människor omkring oss.

Panik

Ordet *panik* härstammar från den grekiska guden PAN, som gillade att skrämma slag på Getter och Får så att de hamnade i plötsliga utbrott av okontrollerbar rädsla.

- En händelse som gör personen väldigt rädd och hjärnan signalerar **Fara**.
- Adrenalinet går igång och hjärtat börjar slå fortare. Känslan av att springa eller gömma sig är stor.
- Känslan av att inte ha kontroll.
- Panik är plötsligt uppkomna, exalterade känsloreaktioner och beteenden på en plötslig, skräckfylld situation, till exempel dödshot eller en katastrof. Orsaker till rädsla. Panikbeteenden handlar ofta om att undfly en fara, och kan drabba en enskild person eller en grupp. En panikattack innebär en stark stressrespons, som sakta avklingar efter att faran är över.

Rädsla

- **Rädsla** är en grundkänsla som vi alla har ibland och det är helt naturligt. Det har vi, då vi inte förstår eller riskerar att drabbas av något hemskt eller farligt.

- **Rädslor** blir skadliga om det hindrar en person i vardagen som ex, gå ut eller träffa människor.

- **Rädsla** är en känsla som man känner vid hot eller riskfyllda situationer, både äkta och inbillade. Rädsla kan också förklaras som ett extremt ogillande av situationer, tillstånd, saker, människor och liknande. **Rädsla** varierar kraftigt från person till person, och kan sträcka sig från en mild känsla av oro till extrem rädsla.

Ångest

- **Ångest** kan hjälpa oss att undvika saker som kan skada oss, såsom höga höjder eller farliga djur.

- **Ångest** är dock inte alltid ren rädsla utan uppblandad med andra känslor. Exempel. Skuld när man har ångest över saker man har gjort eller skam inför en situation då man är rädd för att skämmas.

- Eftersom kroppens signaler är de samma oavsett vad vi är rädda för, riskerar vi att misstolka dem och övertyga oss själva om att något farligt är på väg att hända.
- **Ångest** är en intensiv känsla av obehag och oro som känns i kroppen. Eftersom det känns så starkt i kroppen kan det vara svårt att förstå att det har att göra med hur man mår psykiskt.
- ett tryck över bröstet,
- att hjärtat slår snabbt eller hårt,
- att du blir torr i munnen
- att du får en klump i magen eller känner dig yr eller svag i musklerna.
- En del får diarré eller måste kissa oftare än vanligt.
- Det är inte alltid man vet att det man känner i kroppen är ångest. Ångest är reaktioner från nervsystemet som du inte kan styra själv.
- Det kan kännas mycket obehagligt att ha ångest, men det är inte farligt.

Stress

Stress är något vi alla behöver mer eller mindre då det driver oss framåt. Men stress i för hög takt och under för lång tid utan att få möjlighet till återhämtning är skadligt. Om man utsätts för långvarig stress så riskerar man att bli utbränd, eller som den rätta beskrivningen är, att man får utmattnings syndrom.

När man lever under konstant stress som man kan få utav ett eller flera trauman och inte får möjlighet att bearbeta den, och inte heller möjligheter till att vila. Då hjärnan har ett konstant påslag av larmsignaler om hot, så blir hjärnan trött. Symtom på det är att man kanske sover för lite eller sover alldeles för mycket och att sömnen då blir ytlig. Det innebär att hjärnan gått på högvarv under dygnets alla 24 timmar. Man börjar glömma saker man ska göra, man kan börja tappa saker man har i händerna. Man börjar prata och kasta om orden och man får svårt att komma ihåg hur saker fungerar.

Exempel.
Du ska brygga kaffe och går fram till kaffebryggaren och tittar på den och undrar hur man gör!
Att då inte få möjlighet till återhämning gör att även kroppen börjar säga ifrån. Du får kanske ont någonstans, ramlar och stukar dig eller bryter något.

Du kan få migrän och/eller magkatarr. Man blir kanske även känslig för ljud och ljus. Att träffa människor kan bli jobbigt och man blir trött av många intryck, som till exempel av att promenera i centrum, handla eller sociala tillställningar. Ja listan kan göras väldigt lång.

Men vad kan man då göra om man inte har möjlighet att få vila och återhämta sig?

Att komma tillbaka efter utmattningssyndrom tar tid. Man får räkna med att det tar lika lång tid att komma ur det som det tog att komma dit! Utmattningssyndrom behöver inte betyda att du har mycket på jobbet eller mycket att göra på fritiden. Det kan även uppstå om du lever under psykisk press under lång tid. Men om du både har mycket på jobbet och på fritiden så kan det också leda till utmattningssyndrom.

Vi hör idag om skolbarn som får utmattnings syndrom då stressen över att hinna med allt i skolan och att samtidigt idrotta, vara med kompisar och vara uppdaterad på sociala medier kan bli för mycket när man inte får möjlighet till vila och återhämtning.

Om man har svårt att få till återhämtning och lever under mycket stor stress så kommer här lite förslag du kan göra för att hitta oaser i vardagen som ger lindring.

Det viktigaste du kan göra är att söka hjälp hos din läkare, och ta bort det du kann, för att minska stressen tills du har en möjlighet till livsförändring.
Så är det viktigt att du börjar bli snäll mot dig själv.

Börja med att göra en lista över sådant du tyckte var roligt och rogivande innan livet blev så här stressigt. Där kanske du hittar något du kan göra hemma eller tillsammans med någon.
Att börja meditera hjälper dig att få din puls att gå ner och andningen blir djupare. Senare i boken kommer det meditations och andningsövningar du kan använda dig av.

- *Prova att måla mandalabilder då du kan fokusera på det och tömma huvudet från allt annat. Att få massage är också något som kan få kroppen att slappna av.*

- *Att börja med små korta promenader varje dag behöver inte vara så krångligt utan sätt på dig ett par sköna skor och gå ut. Om du har små barn som du måste ha med dig, sätt dem i vagnen eller låt dem gå med.*

Frisk luft i kombination med motion hjälper dig att må bättre. Du kommer då kunna sova lugnare och får bättre aptit på nyttig mat. För kosten är viktig men även att äta på regelbundna tider. Försök att äta näringsrik mat och inte snabbmat för det kommer göra dig tröttare. Självklart ska man unna sig ibland att få äta snabbmat och ibland orkar man bara inte laga mat själv.

Om du har svårt med matlagningen kanske det finns någon i din närhet som kan hjälpa dig.

När man har utmattningssyndrom så är det viktigt att du ber dina närmaste om hjälp och berättar för dem hur du mår även om det känns jobbigt att be om hjälp. Har du svårt att prata med dem så skriv ett brev(sms)!
Att försöka fortsätta orka med hemmasysslorna själv när man inte mår så bra ger bara ett sämre resultat.
Men även för dig som har någon i din omgivning du misstänker eller vet, har får en utmattnings syndrom, så är det viktigt att visa att du bryr dig om personen och visa omtanke genom att fråga om du kan hjälpa till med något.
Ibland så tror vi att vi måste göra mer än vad vi har förmåga till, men oftast så är det de små sakerna som hjälper mest.
Om du är orolig att någon drabbats så försök få personen att söka professionell hjälp. T ex till vårdcentralen allternativt företagshälsovården.

Livet är ibland tufft och man kan känna att det är orättvist, och ja ibland är livet orättvist och tufft! Har man trauma och varit med om svåra saker kan det kännas som att man aldrig kommer bli glad igen. Det kommer bli bättre men det kan ta tid och det krävs ett hårt arbete för att börja må bättre igen men det är värt allt och tiden investerar du i dig själv.

Du kanske behöver professionell hjälp och då är det viktigt att du söker den. Om du har svårt att beskriva vad som hänt och svårt att söka hjälp, så kanske du har någon du har förtroende för som kan hjälpa dig dit.

Det finns också många hjälporganisationer som man kan få stöd och råd ifrån. Du behöver inte vara ensam. **Ensam är inte alltid starkast!**

Skalman har ett förvånansvärt bra sätt att hantera stress. Mat och sov klockan, för det är det som är grunden till att börja må bättre igen!
Att omvärdera saker är också ett sätt att minska stressen, då många sätter orimliga krav på sig själva.
Man ska ha ett perfekt hem, hemlagad mat, bakat bröd, träna minst 1 timme om dagen. Du ska vara engagerad i minst en ideellt förening. Du ska också kompetensutveckla dig.

Har du barn så ska du som förälder se till att de får kulturella upplevelser, läsa läxor, baka till skolklassen, vara med i skolans föräldragrupp, vara klassförälder, barnen ska minst ha 2 idrotter som du ska engagera dig i.

Sen ska du vara partner, hjälpa dina föräldrar. Du ska vara med i sociala sammanhang och du ska resa, vandra mm. Ja listan kan göras oändligt lång. Om du också då har trauma så är denna lista väldigt tung att orka med och att ha psykisk ohälsa i ett samhälle som kräver så mycket av en människa för att passa in i mallen. Att omvärdera och minska kraven på att precis DU måste göra allt detta!

Minska listan och sänk kraven för att **din** *psykiska hälsa måste gå först.*

Sorg

Sorg är också en form av trauma då man mister någon som varit en nära känslomässigt.
När den personen försvinner, antingen genom dödsfall eller separation, så hamnar man i en chock och kanske även förnekelse. För man inte vill tro att den personen har försvunnit.
Och den känslan kan sitta i länge. Att komma över chocken eller förnekelsen att det har hänt kan ta tid och man behöver låta det ta den tid det tar. Förnekelsen är ett sätt för personen att på något sätt försöka skydda sig från att ha blivit lämnad. *För det som hänt gör ju så ont!*

Den rädsla som infinner sig i att om det är sant, så finns den personen inte längre kvar. Bara tanken ger *panikkänslor* och sker det hastigt, så innebär det att man har svårt att ta in detta i sitt medvetande.
Efter förnekelsen och chocken som förlusten innebär så kommer *ilskan.* Den drabbar en hårt och skoningslöst. Att livet är orättvist och varför händer detta mig och man kan känna sig sviken och lurad att personen som funnits där för en, inte längre finns kvar.

Under dessa två stadier så kan det vara så att man inte agerar som vanligt utan man gör och säger saker som inte är relevanta och inte har med händelsen att göra. Du kanske bestämmer dig i dessa faser för att flytta, byta jobb (då alla där inklusive dig själv är fel) du kanske säger upp bekantskaper och en del börjar panikartat döva det som kommer upp med mediciner, alkohol eller något annat som dövar dina tankar (känslor). I vissa fall så stänger man in alla känslorna mentalt i kroppen och som senare kan komma att ge psykosomatisk smärta.

Man brukar dela in sorg/förlust i fem steg eller en del säger faser. *(Modellen formulerades av psykiatrikern Elisabeth Kübler-Ross 1969)*

1. Förnekelse (Chock)
2. Ilska (Reaktionsfasen)
3. Köpslående (Bearbetningsfasen)
4. Depression
5. Acceptans (Nyorienteringsfasen)

Förnekelse.
Att inte kunna ta in vad som hänt och inte vill tro det. Hittar alternativa svar på vad som har hänt. Exempel. Personen kommer snart tillbaka eller jag/du har missuppfattat allt. En annan beskrivning av denna fas är att personen hamnar i **chock**. En del darrar, gråter och skriker medan andra uppvisar ingenting.

Oavsett vilken reaktion personen hamnar i så kan sinnestillståndet göra så att minnet sviktar och det är svårt att ta in vad som har hänt.

Ilska:
Varför hände det och det är inte rättvist-känsla!?
Av ilska stärks därmed de tankar man har inför situationen. Ilska är en av våra grundkänslor som vi har för att försvara oss och för att kunna angripa fienden antingen med ord eller fysisk attack mot saker eller/och personer. Ilskan kan också ge oss känslan av att vi måste göra oss av med energi. Att man vill träna väldigt hårt, eller så vill man ut och springa/powerwalka.
Det är inget fel att känna ilska vid förlust utan det är en helt naturlig känsla.
Man kan också beskriva det som en **reaktionsfas** där personens försvarsmekanism träder in och den som har sorg kan då både agera konstigt och säga saker som är irrelevanta.

Man kan i detta stadie få problem med sömnen. Personen kan också bli väldigt egocentrisk då den fastnar i *jaget*.

Köpslående. Att man börjar förhandla eller köpslå om situationen eller händelsen att man vill ha ett annat alternativ med en annan utgång.

Bearbetningsfasen, denna fas är den och även nästa fas att börjar intressera sig för livet omkring dem. Men den som sörjer har fortfarande motstånd till vad som har hänt. Så personen är i ytterligheter som att skratta ena stunden och vara arg eller ledsen i andra stunder. Men livet börjar sakta komma tillbaka.

Depression. Att allt känns hopplöst och tomt. Livet har ingen mening längre och det finns ingen energi kvar att göra något alls. Att känna sig deprimerande är allvarligt och då behöver man söka vård och hjälp. Du som har någon i din närhet som är deprimerad kan hjälpa till genom att vara till hands och fråga om måendet. Att visa att man finns där och kan hjälpa personen.

Acceptans. Det är nu som man börjar acceptera och förstå vad som har hänt. Att livet kommer vara annorlunda men för den skull behöver det inte vara negativt. Man kan börja återgå till vardagen igen och hitta nytt sätt att leva. Man kan även kalla den fas för **nyorienteringsfasen** då man skapar sig en vardag som kan vara annorlunda än tidigare. Att hitta sina egna sätt att leva och verka. Livet behöver inte vara eller bli mörkt utan det är okej att få vara glad utan att känna skuld.

Sorg som inte handlar om att någon har dött kan vara svårt att förstå och svårt för andra att ta till sig. Sorg har vi i många skeden i livet.

Exempel:
Du kanske blir uppsagd från jobbet där du jobbat i många år och där du har kolleger och rutiner du är van vid. Du vet hur *den* vardagen ser ut! Att då få lämna den tryggheten till något du inte vet något om och vad som ska ske. Du kanske inte har något nytt jobb att gå till, det blir då en sorg där du måste bearbeta alla stadierna innan du går vidare.

Du kanske tänker nu, *att men vadå hur menar hon nu?*

Jo att de olika stadierna i sorgebearbetning.

(Modellen formulerades av psykiatrikern Elisabeth Kübler-Ross 1969)

Förnekelse, ilska, köpslående, depression, acceptans.

Först kanske du förnekar genom att tänka att företaget fixar detta och jobbet kommer finnas kvar och du vägrar att tänka på det innan den sista dagen. Det kan också innebära att du blir nonchalant i ditt sätt att vara (det är ingen fara, det löser sig) och bemöta din uppsägning.

När du har kommit förbi detta stadiet, så blir du heligt förbannad över att företaget inte kan behålla dig och det är deras ansvar att fixa nytt jobb åt dig. Du kan bli arg på livet som är orättvist och att du har samhället emot dig, så det är regeringens fel, eller de stora bolagen som är ansvariga. Det kan till och med vara chefens fel!

Att pendla mellan förnekelse och ilska är vanligt. Sedan börjar man köpslå med sig själv eller med någon i sin omgivning att om jag gör si eller så, då kan jag behålla jobbet eller så kommer man med lösningar eller tror, att om regeringen eller kommunen går in med ekonomiska resurser så kommer jobbet finnas kvar.

När man kommer fram till att det *är* ett faktum att jobbet inte finns kvar och det är *inget du kan göra* något åt, så infinner sig hopplösheten.

Och då är steget till depression inte så stor. Det betyder inte att alla blir deprimerade utan en del blir ledsna och håglösa. Här är det viktigt att man har någon att samtala med och det är viktigt att vara uppmärksam på sina tankar, så man söker hjälp i tid.

Tankar som, att jag är inte värd något, och det finns bara mörker och det finns ingen lösning!

Att vara ensam i detta är en risk då du inte har någon som lyssnar och/eller bemöter dig. Att få prata om sina tankar och få en annans persons syn på framtiden kan hjälpa!

Acceptans eller som jag vill lägga till **omorientering,** är när du börjar söka nytt jobb eller bestämmer dig för att studera. Och du tittar på andra alternativ som innebär ett nytt jobb med en ny vardag.

Att våga fråga och att våga berätta är något vi bör träna på då har vi lättare att få stöd och hjälp när svåra situationer uppstår. När vi vågar se och möta andra människor när livet är tungt gör att vi växer som personligheter. När vi ger omsorg till andra får vi omsorg tillbaka och människan är beroende av andra människor för att vara lycklig. (människan, precis som djuren är flockdjur).

Sorger är något vi alla drabbas av, stora som små. Och om vi har tränat på att samtala och vågar fråga så blir sorgen lättare att bära. Att dela sin sorg med andra som också har sorg kan underlätta men det är också viktigt att prata om *sin* sorg med människor som *inte* har sorg, då gruppen som har gemensam sorg kan i vissa falla förstärka sorgen i stället för att lindra den.

Att vara utomhus

Att få frisk luft varje dag är nyttigt det vet vi.
Men hur ska man få tiden till det?
Om det inte är för långt till affären, gå istället för
att ta bilen.
Gå eller cykla till förskolan.
Stanna en liten stund och lek eller upptäcka något
nytt. Om maten blir lite senare så kanske det inte
gör något, då stunden man får tillsammans ute
kan vara det som får en att varva ner.
Det är bättre att man är ute 10 min än inte alls.
Schema för veckorna är inte helt fel, då slipper
man att ha allt i huvudet, en matsedel är inte fel
att skriva då du får en överblick över vad som ska
ske under veckan och man kanske måste prioritera
bort något.

Mindfulness

Att vara här och nu när man är stressad så snurrar tankarna och det blir svårt att fokusera. Hjärnan behöver återhämtning. Att sätta sig ner och fokusera på nuet, vilka dofter känner jag? Vad hör jag? Andas djupt och lugnt. Koncentrera dig på andningen, släpp ner axlarna sitt så mellan 5-10 minuter. Detta kan du göra under tiden vattnet kokar upp till maten. Gör det gärna med barnet/barnen och gör det tillsammans.

Stegen du behöver gå igenom för att må bättre.

1:a steget.

Att förstå själv att du inte mår bra är kanske inte så lätt Men du behöver se dig själv med verkliga ögon.

När man mår dåligt så är det kanske själv svårt att se försämringen då man är mitt i den. Men omgivningen som känner dig ser det tidigare och har förmodligen försökt att signalera genom att fråga, *om du mår bra eller om du behöver hjälp på något sätt?*

Tecken på att man mår sämre är att man sover sämre och äter sämre. Man har lättare att börja gråta utan någon anledning. Små saker blir plötsligt så väldigt stora. Du tappar tålamodet och har mindre energi att göra roliga saker. Du kanske blir irriterad hemma över din familj. Eller blir irriterad när du är på jobbet över små saker. När detta sker så kan det vara läge att förändra sin situation. Vissa saker kan behöva förändras i ditt liv, så som byta jobb, börja på meditation. Träna eller varför inte börja en kurs i något som ger dig mera guldkant i livet. Trots denna förändring så kanske det inte räcker, utan du behöver be om en kurator, terapeut eller en psykolog via jobbet eller via din vårdcentral om att få tid för samtal. De finns där för att hjälpa dig att lägga puzzlet för dig och ditt liv. Man ser över din situation för att se vad de kan hjälpa dig med och på rätt sätt.

2:a Steget.
Detta är ett viktigt steg för dig. Du behöver förstå dig själv och varför du mår som du gör.

Oftast klandrar man sig själv för många saker när man inte mår bra, det är inte helt ovanligt att man ser ner på sig själv. Man kanske tycker att allt är hopplöst, värdelöst och ser mörkt ut. Det är många saker som kan få en att må dåligt och detta kan bli en ohållbar situation om man inte får rätt hjälp och förståelse för sitt mående.

Men det är viktigt att komma ihåg att allt inte är hopplös, värdelöst och mörkt, det är just detta som vi ska ändra på.

Så vad får en att må dåligt då?

Eventuellt delar du livet med en partner och kanske även har barn och det kanske är jobbigt hemma, pga olika situationer som kan uppstå. Eller så kanske man drar hela lasset ensam, med eller utan barn. Ekonomin kanske är dålig. Eller ett dödsfall kan få vem som helst att må sämre. Men det som vi vill förmedla till dig är att allt detta dåliga går att vända på, till något bra istället. Att barnen är bråkiga är inte helt ovanligt, de kanske även känner av att du inte mår så bra just nu och då blir de gärna lite extra bråkiga. De vet inte hur de ska hantera att du inte är som du var förut.

Man får förklara för sina barn så gott det går att man just nu inte mår så bra, men att det kommer bli bättre.

Din partner, om man har någon. Kan ju avlasta dig och stötta dig under tiden du mår sämre. Ni kan tillsammans finna en strategi att klara sig igenom vardagen. Även ens vänner kan vara ett oerhört fint stöd. Kanske har du även stöttning genom din övriga familj.

Den 3e Steget.
Är att förstå att du kan komma ur det dåliga måendet du befinner dig i just nu.

Att få terapi är inte något dåligt. Utan många skulle faktiskt må bättre av att ta sig den tiden, för den tiden investerar du i dig själv! Utav en terapeut, kurator eller en psykolog så får du verktyg att använda dig av i ditt liv. Detta är nycklar till att bättra på sitt mående och något som är viktigt att komma ihåg, är att det inte finns någon trollstav och det går inte i ett nafs att bli frisk igen. _Du måste ta det stegvis._ Ett steg i taget. Och varför vi skriver just så är för att om du tar 3 steg framåt och inte har en stadig grund att stå på så faller man ner 6 steg istället och får börja om. Därför så tar man ett steg åt gången. _En bit i taget att jobba med._
Man kan fråga sin familj och vänner om de vill hjälpa en på vägen för att må bättre. Med enkla små saker. Det kan vara att de hjälper dig att komma ihåg att fasen du är i just nu är övergående. De kan hjälpa dig med de verktygen du får under terapin.

Jobba på sin inre styrka.

Sin tro på sig själv, och att det kan bli bättre ett steg åt gången.
Älska sig själv. Och även ge sig själv respekt.
Och framför allt träna sig på att lära sig säga ordet **NEJ!** Till allt du inte orkar med just nu, även om det låter roligt.
Lyssna på dig själv och din kropp.
Att vårda barnet inom sig är viktigt. Börja göra barnsliga saker, så som bygga sandslott, göra snöänglar eller varför inte trä pasta genom korven och koka den.
Du är inte lat bara för att du sover en hel dag.
Unna dig själv det!

Meditation i olika former.

Man kan meditera varje dag 5-10 minuter.
För att finna sitt inre JAG genom Andning och mindfulness

Meditation är även bra för sömnen, många lägger sig med många tankar som snurrar i huvudet och då är det bra med meditation för att stilla tankarna.
Det finns en bra vägledd meditation på Youtube som heter Somna stilla, som vi varmt kan rekommendera efter att själva använt oss utav den.
https://www.youtube.com/watch?v=usv9GAMQ mTc&t=2s

Glöm inte att bara vara i nuet med. Tillåta sig själv att vara här och nu.

Så hur mediterar man då? Du ska få några övningar av oss:

Jo, först ser man till att man får sitta själv, utan att bli störd. Du stänger av ljudet på mobilen och dämpar ljuset omkring dig, du kan tända ett ljus om du så önskar, sen sätter alternativt lägger, dig bekvämt. Och ha en filt över dig då man kan bli frusen glöm inte den sköna kudden för huvudet. Sen drar du 3 djupa andetag, in genom näsan och ut igenom munnen. Helt okej om du jäspar.

Övning 1:
Tänk tyst för dig själv: Jag sitter i ett rum med två dörrar. Den ena dörren leder till det förflutna, till det som varit och alla minnen från mitt liv. Nu stänger jag den dörren. Denna dörr som leder till framtiden, mina tankar om denna och mina planer och drömmar. Nu stänger jag också den dörren. Och jag är här och just nu. Jag vilar i nuet, i jaget och i det inre lugnet.

Övning 2:
Tänk i förväg ut en fridfull miljö där du trivs. Det kan vara en skog, ett berg, en gräsmatta eller en strand. Det kan vara en känd miljö som till exempel ditt landställe eller en påhittad. Föreställ dig att du sätter dig där och bara är. Om störande tankar dyker upp, iaktta dem bara och låt dem sedan sakta försvinna. Bli inte upprörd över att du inte kan koncentrera dig, det

är bara normalt. Försök bara att släppa de störande tankarna så snart de kommer. Avsluta med att tänka: *Jag är en fridfull själ.*

Övning 3:

Du kan sitta vid vatten och meditera.

Sitt på något skönt underlag, så du inte får ont i rumpan.

Där du sitter vid vattnet, så kanske du är vid en strand eller en brygga, och har skog, berg och så klart luften omkring dig så har du en fin kombination av elementen.

Att bara sätta sig ner och stoppa ner fötterna i sanden eller vattnet är ett fantastiskt sätt att komma i kontakt med moder natur.

Blunda och bara andas, in genom näsan och ut igenom munnen. Bara fokusera på andningen och känna in omgivningen.

Medan du sitter där så kanske du hör vattnet klucka, en fågel skria. Eller vinden i träden.

Bara notera dem och sitt där i nuet. Om du får upp några tankar eller bilder i ditt huvud så bara notera dem och sen släpp dem igen.

Bara fokusera på din andning och omgivningen.

Du kan sitta där så länge du behöver. Naturen är fantastisk på att få kroppen och själen lugnad och du fylls med energi.

Var Kreativ

Vårda barnet inom dig. Börja göra barnsliga
saker, så som bygga sandslott, göra snöänglar
eller varför inte trä pasta genom korven och koka
den.
Genom att måla
Göra dröm tavla
Måla – Rita – Klistra

Skriv dagbok

Här är ett bra tips vi vill ge dig, en liten uppgift
att göra varje dag.
Vi vill att du ska skriva 3 bra saker varje morgon
du vaknar och 3 bra saker varje kväll innan du
somnar.
Du ska skriva vad du är tacksam eller glad för.
Stora som små saker, spelar ingen roll.
Det viktiga är att du lyfter det positiva i ditt liv.
Denna träning lär dig att se det roliga på livet.
Det är lätt att annars bara se livet i de negativa
formerna, och det är just detta vi vill få bort.

För hur ska man annars kunna må bättre?!

Kroppscanning

Med hjälp av meditation så lär du dig känna igenom din kropp på ett annat sätt. Den kan du göra när du vill och den funkar väldigt bra att göra när du lagt dig för kvällen.

Börja med att ta 3 djupa andetag. Om du gäspar så är det helt okej, det är kroppens sätt att fylla sig med luft i kroppens celler.

Man gör kroppscanningen nedifrån och upp. Så från tå till hjässa! Den gör du enkelt genom att rikta din uppmärksamhet till varje kroppsdel. Du andas in genom näsan och ut igenom munnen.

Medan du andas så fokuserar du på:
- Vänster stortå, och fortsätt till övriga tår
- Vänster fotsula
- Vänster fotrygg
- Höger stortå och övriga tår
- Höger fotsula
- Höger fotrygg
- Bägge underbenen
- Bägge knäna
- Bägge låren
- Bäckenet
- Buk och bukandning

- Bröstkorg och bröstandning
- Hals och Nacke
- Käkar, ansikte och panna
- Hjässan

Om tankarna far iväg så låt dem vandra iväg och lyft tillbaka fokuset på kroppsdelarna igen. Glöm inte bort att andas. In genom näsan och ut igenom munnen!

Sömn

Vi alla behöver sömn för att återhämta oss. Barn behöver även sömn för att kunna växa och utvecklas. Hur mycket och hur bra barn och tonåringar sover kan påverkas av till exempel ålder, utvecklingsfaser, ärftlighet, infektioner, oro och relationer. De flesta får någon gång problem med sömnen, även de som brukar sova bra.

1–3 år: 12–13 timmar per dygn.
3–6 år: 11–12 timmar per dygn.
6–12 år: 10–11 timmar per dygn.
12 år och uppåt: 8–9 timmar per dygn, men vissa barn behöver mer sömn i puberteten.

Sömnen delas in i olika perioder

När vi sover avlöser fyra faser varandra i så kallade sömncykler. Faserna upprepas flera gånger varje natt.

Fas 1: Dåsighet.
Man somnar, vilket brukar ta från någon minut upp till 20 minuter. Nu är sömnen som ytligast och man är lättväckt.

Fas 2: Lätt sömn.
Hjärnan blir mindre aktiv och musklerna slappnar av. Hjärtat slår långsammare och kroppstemperaturen sjunker lite.

Fas 3: Djup sömn.
Kan komma redan efter några minuter och gör så man är svårväckt. Den djupa sömnen är särskilt viktig för att kroppen ska kunna producera tillväxthormon mm.

Fas 4: Drömsömn,
även kallad REM-sömn. REM är en förkortning av rapid Eye moment, som betyder snabba ögonrörelser. REM-sömnen är viktig för det är den stunden som hjärnan reparerar sig och du bearbetar händelser och känslor. Drömmarna kan vara jobbiga, roliga och konstiga men det behöver inte betyda något särskilt, utan är bara ett sätt för hjärnan att sortera allt.
Källa: www.1177.se